5 Juin 1908

marqué P

VENTE

Du Vendredi 5 Juin 1908

HOTEL DROUOT, SALLE Nº 11

À 2 HEURES

TABLEAUX MODERNES

Aquarelles

PASTELS — DESSINS

Appartenant à M. X...

COMMISSAIRE-PRISEUR

Mᵉ HENRY BRICOUT
Mᵉ F. LAIR-DUBREUIL

EXPERT

M. HECTOR BRAME

VENTE

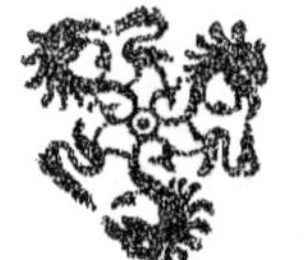

CATALOGUE

DES

TABLEAUX MODERNES

Aquarelles, Pastels, Dessins

PAR

BERTALL, BIDA, BONVIN, BOUDIN (E.)
BRANDON, CHARLET, CHENU, COROT, COURBET, COUTURIER (L.)
DAUBIGNY, DECAMPS, DELACROIX (E.), DIAZ
FANTIN-LATOUR, GÉRICAULT, HÉBERT, JACQUE (CH.), JONGKIND, KREYDER
LANÇON, LEBOURG, LELOIR, LEMAIRE (MADELEINE)
LINDER, LOUSTANEAU, PASINI, DE PENNE, PILLE (H.)
PRUD'HON, RIBOT (TH.),
ROYBET, ROZIER, STEVENS, VOLLON (A.)

Appartenant à M. X...

DONT LA VENTE AUX ENCHÈRES PUBLIQUES AURA LIEU

HOTEL DROUOT, SALLE Nᵒ 11

Le Vendredi 5 Juin 1908, à 2 heures

COMMISSAIRES-PRISEURS

Mᵉ **HENRY BRICOUT**	Mᵉ **F. LAIR-DUBREUIL**
10, rue Sainte-Cécile, 10	6, rue Favart, 6

EXPERT

M. HECTOR BRAME, rue Laffitte, 2.

EXPOSITION PUBLIQUE

Le Jeudi 4 Juin 1908, de 2 heures à 6 heures.

CONDITIONS DE LA VENTE

Elle sera faite au comptant.

Les Acquéreurs paieront *dix pour cent* en sus des enchères.

Paris. — Imp. Georges Petit. — 18521-08.

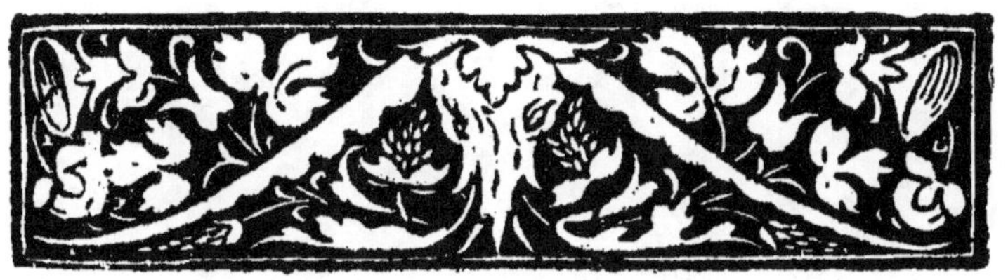

DÉSIGNATION

BERTALL

1 — *M. Alphonse.*

Aquarelle.

Haut., 21 cent.; larg., 13 cent.

BERTALL

2 — *Le Docteur.*

Aquarelle.

Haut., 21 cent.; larg., 13 cent.

BIDA

3 — *Arméniens.*

Dessin aux deux crayons.

Haut., 40 cent.; larg., 30 cent.

BIDA

4 — *Les Écoliers.*

Aquarelle,

Haut., 33 cent.; larg., 47 cent.

BONVIN

5 — *La Repasseuse.*

Haut., 32 cent.; larg., 20 cent.

BONVIN

6 — *La Palette.*

Peinture sur cuivre.

Haut., 24 cent.; larg., 36 cent.

BONVIN

7 — *Encrier.*

Dessin à la plume.

Haut., 14 cent. ; larg., 20 cent.

BONVIN

8 — *Étude d'après Rembrandt.*

Dessin à la plume.

Haut., 14 cent.; larg., 12 cent.

BOUDIN

9 -- *Plage de Trouville.*

Aquarelle.

Haut., 12 cent.; long., 24 cent.

BOUDIN

10 — *Entrée de fort.*

Pastel.

Haut., 14 cent.; larg., 20 cent.

BOUDIN

11 — *Plage.*

Pastel.

Haut., 14 cent.; larg., 21 cent.

BRANDON

12 — *Intérieur de synagogue.*

Haut., 38 cent.; larg., 78 cent.

CHARLET

13 — *Gardes-françaises au cabaret.*

Importante aquarelle.

Haut., 43 cent.; larg., 32 cent.

CHENU (Fleury)

14 — *Effet de neige.*

> Haut., 33 cent.; larg., 45 cent.

140

COROT

15 — *Bords de rivière.*

> Haut., 12 cent.; larg., 27 cent.

820

COURBET

16 — *Les Roches.*

> Toile. Haut., 39 cent.; larg., 70 cent.

1.050

COUTURIER (Léon)

17 — *Le Billet de logement.*

> Haut., 32 cent.; larg., 21 cent.

100

DAUBIGNY

18 — *Marine.*

> Haut., 29 cent.; larg., 49 cent.

Vente après décès de l'artiste.

800

DECAMPS

19 — *L'Homme au chibouk.*

Mine de plomb.

> Haut., 21 cent.; larg., 15 cent.

DELACROIX (Eug.)

20 — *Paysage.*

Aquarelle.

Haut., 20 cent. ; larg., 15 cent.

DIAZ

21 — *Femme et amours.*

Haut., 32 cent.; larg., 20 cent.

Vente Denain.

DIAZ (N.)

22 — *Étude de rochers.*

Haut., 15 cent.; larg., 23 cent.

ECOLE MODERNE

23 — *Italienne.*

Haut., 33 cent.; larg., 19 cent.

FANTIN-LATOUR

24 — *Baigneuses.*

Haut., 21 cent.; larg., 41 cent.

FANTIN-LATOUR

25 — *Etude pour Tristan et Iseult (fragment).*

Dessin.

Haut., 23 cent.; larg., 14 cent.

GÉRICAULT

260

26 — *Tête de lionne.*

Haut., 53 cent.; larg., 64 cent.

GROISEILLIER (M. de)

132

27 — *Paysage.*

Haut., 25 cent.; larg., 40 cent.

HEBERT

28 — *Italiennes au lavoir.*

Haut., 8 cent.; larg., 22 cent.

HÉBERT

29 — *Tête de femme.*

Mine de plomb.

Haut., 28 cent.; larg., 21 cent.

HUMBERT (F.)

30 — *Tête de femme.*

Haut., 72 cent.; larg., 57 cent.

JACQUE (Charles)

780

31 — *Porcs et poules.*

Haut., 20 cent.; larg., 35 cent.

JONGKIND

32 — *Magny-le-Court.*

Aquarelle.

Haut., 29 cent.; larg., 40 cent.

JONGKIND

33 — *Plage à marée basse.*

Aquarelle.

Haut., 22 cent.; larg., 34 cent.

KREYDER

34 — *Lièvre.*

Haut., 92 cent.; larg., 73 cent.

LANÇON (A.)

35 — *Tigre au repos.*

Haut., 44 cent.; larg., 60 cent.

LEBOURG

36 — *La Seine à Rouen.*

Haut., 45 cent.; larg., 75 cent.

LEBOURG

37 — *La Seine à Paris.*

Haut., 34 cent.; larg., 54 cent.

LELOIR

38 — *Trois planches dans un cadre, représen-
tant des études.*

LEMAIRE (Madeleine)

39 — *Fleurs.*

Aquarelle.

Haut., 60 cent.; larg., 82 cent.

LINDER

40 — *La Lecture.*

Aquarelle.

Haut., 27 cent.; larg., 17 cent.

LINDER

41 — *Tête de femme.*

Aquarelle.

Haut., 24 cent.; larg., 17 cent.

LINDER

42 — *Dans le parc.*

Aquarelle.

Haut., 27 cent.; larg., 18 cent.

LOUSTANEAU

43 — *Rue de village.*

Aquarelle.

Haut., 27 cent. ; larg., 36 cent.

MAURIN

44 — *Femme nue.*

Pastel.

Haut., 61 cent. ; larg., 75 cent.

PASINI

45 — *Le Courrier du désert.*

Haut., 31 cent.; larg., 44 cent.

DE PENNE

46 — *Chiens au repos.*

Aquarelle.

Haut., 45 cent.; larg., 28 cent.

DE PENNE

47 — *Chiens se chauffant. Effet de neige.*

Aquarelle.

Haut., 28 cent.; larg., 46 cent.

PILLE (Henri)

48 — *Scène d'auberge.*

Dessin à la plume.

Haut., 36 cent.; larg., 23 cent.

PILLE (Henri)

49 — *Le Départ pour la promenade.*

Dessin à la plume.

Haut., 35 cent.; larg., 23 cent.

PRUD'HON

50 — *Femme nue.*

Dessin aux deux crayons.

Haut., 57 cent.; larg., 27 cent.

Vente de Boisfremont.

REYNAUD

51 — *Le Jeune pâtre.*

Haut., 31 cent.; larg., 23 cent.

RIBOT

52 — *Nature morte.*

Haut., 32 cent.; larg., 40 cent.

ROYBET (F.)

53 — *Homme d'armes.*

1.650

Haut., 31 cent. ; larg., 19 cent.

ROYBET (F.)

54 — *Jeune page.*

Haut., 22 cent.; larg., 21 cent.

ROYBET (F.)

55 — *Page.*

Grisaille.

Haut., 93 cent.; larg., 51 cent.

ROYBET (F.)

56 — *Paysage.*

Haut., 23 cent.; larg., 18 cent.

ROZIER

57 — *Fleurs dans un panier.*

Haut., 50 cent. ; larg., 59 cent.

STEVENS & GERVEX

58 — *Étude pour le panorama.*

Haut., 37 cent.; larg., 19 cent.

TRIOSON

59 — *Les Ramasseurs de varech.*

Aquarelle.

Haut., 26 cent.; larg., 46 cent.

VOLLON (A.)

5 20   60 — *Nature morte.*

Haut., 40 cent ; larg., 32 cent.

VOLLON (A.)

3 05   61 — *Cour de ferme.*

Haut., 31 cent.; larg., 39 cent.